EL TABERNACULO

Por

E. F. Blattner

Editorial Vida

La misión de Editorial Vida es proporcionar los recursos necesarios a fin de alcanzar a las personas para Jesucristo y ayudarlas a crecer en su fe.

ISBN 0-8297-0601-1

Categoría: *Estudios bíblicos*

Impreso en Estados Unidos de América
Printed in the United States of America

24 ❖ 148

CONTENIDO

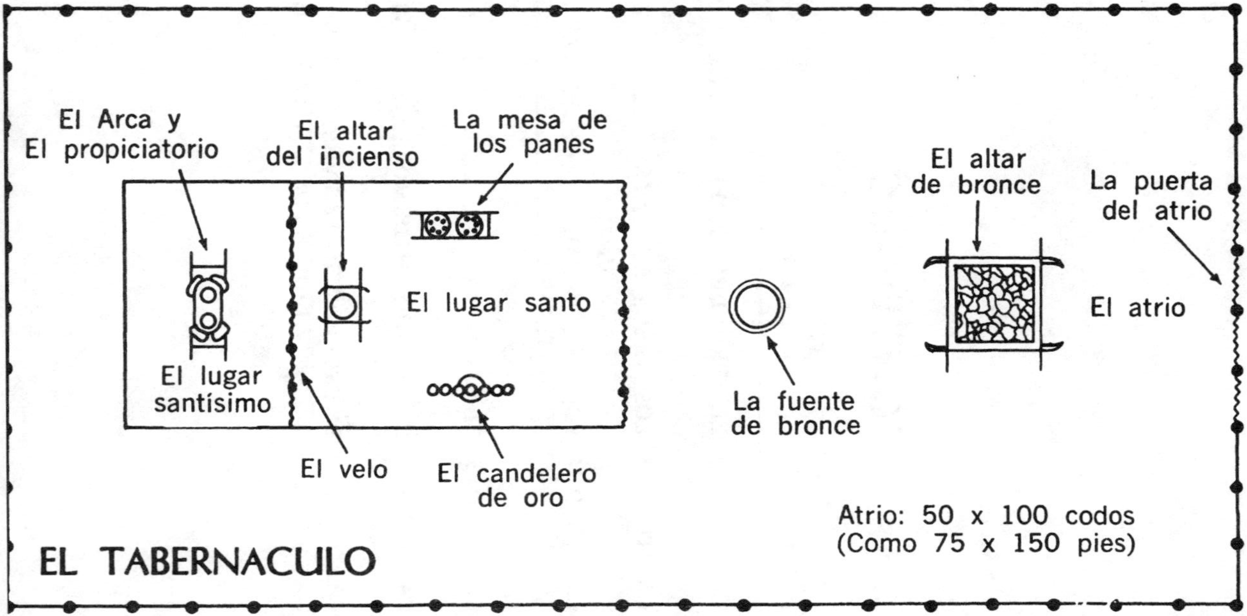
El Arca y
El propiciatorio
El altar
del incienso
La mesa de
los panes
El altar
de bronce
La puerta
del atrio
El lugar santo
El atrio
El lugar
santísimo
La fuente
de bronce
El velo
El candelero
de oro
Atrio: 50 x 100 codos
(Como 75 x 150 pies)
EL TABERNACULO

EL TABERNACULO

CAPITULO 1

Sorprende sobremanera descubrir hasta qué punto la Biblia se encuentra saturada de símbolos, esto es, de figuras o semejanzas de personas o cosas que vendrían después. En los primeros cinco libros hay abundancia de estos símbolos. Este fué el método que Dios usó para enseñar a su pueblo en la antigüedad, y cuando el Señor Jesucristo estuvo en la tierra, El usó estos símbolos para ilustrar las verdades que enseñaba. Juan 3:14; 6:31-33; 2 Tim. 3:16; Rom. 15:4.

Los símbolos señalan a Cristo. En el Antiguo Testamento vemos a Cristo en el cordero, en el altar, en el sacerdote, etc. Cuanto más conozcamos y amemos de veras a Jesús, tanto más claramente veremos la belleza de los símbolos.

Concerniente a Israel. Exodo 1. Los israelitas estaban en cautiverio en Egipto. Allí no tenían tabernáculo, ni nube de gloria, y como el inconverso, vivían sin Dios. Sin embargo, El los amó y redimió, como nos revela Exodo 12. Luego los separó para que le sirvieran.

El Mar Rojo se abrió para dejarlos salir del poder de Egipto, y cerróse tras ellos para dejarles fuera para siempre. Fueron sacados para estar a solas con Dios en el desierto. Allí, lejos de los altares y los dioses de Egipto, vino Dios a morar entre ellos. En esto vemos una ilustración y tipo de Cristo en medio de la Iglesia según 2 Cor. 6:16, 17. "Yo moraré en ellos" está íntimamente relacionado con "Por lo cual salid de en medio de ellos y apartaos."

El Objeto del Tabernáculo. Exodo 25:8. "Yo moraré en ellos." El Tabernáculo era la morada de Jehová, Dios de Israel. Fué la primera morada de Dios en la tierra. Dios moró entre los hombres después de la caída, pero ahora condesciende dirigirse al hombre y le pide una morada en su corazón. Col. 1:27; Salmo 91:1; Eze. 37:26-28; Mat. 18:20; Apoc. 21:3. El *andaba y hablaba* con Adam. El *visitó* a Abraham en Mamre. En el Tabernáculo, vino a *morar* con sus redimidos y desde entonces hasta ahora ha tenido una morada en la tierra. Después del Tabernáculo moró en el templo de Salomón, 2 Crón. 6:3-6, y a su debido tiempo envió a su Hijo, Juan 1:14. La gloria de Dios fué manifestada entonces en el templo de su cuerpo. En seguida vino la iglesia—una casa espiritual, edificada de piedras vivas. Su morada actual es el corazón del creyente.

El Tabernáculo es una revelación de la Verdad. Dios mandó hacer el Tabernáculo para darnos una lección objetiva de la verdad espiritual. Es la revelación de Cristo y su Obra Redentora; es la historia del Evangelio. La persona de Cristo está gloriosamente delineada en todas sus partes desde el arca del pacto en el Lugar Santísimo hasta las cuerdas y clavos más pequeños del atrio.

El modelo del Tabernáculo. Ex. 25:9; 25:40; 39:42, 43: 40; Heb. 8:5; 9:9-23. En la construcción del Tabernáculo, Dios fué el arquitecto. Moisés tuvo que hacer las cosas conforme Dios le había mandado en la montaña. Ex. 25:9; 26;30. No pudo hacer nada siguiendo su propio parecer, ni en la construcción, ni en los materiales y dimensiones de los vasos; ni en su posición en el santuario, ni en el tejido y colores de las cubiertas; ni en las vestiduras de los sacerdotes. Todos estos detalles fueron divinamente preconcebidos por que Dios deseaba enseñar verdades espirituales, y cada una de las partes era necesaria para revelar el pensamiento perfecto de Dios.

La manera de obtener los materiales. Todos los materiales fueron ofrendas voluntarias del pueblo de Dios. No fué permitido el oro de extranjeros o de aliados para adornar la morada de Dios. Las ofrendas tenían que ser voluntarias. Ex. 35:5-21; 36:5-7. Véase Mal. 3:8,

9; 1:7, 8, 13. Hechos 2:44-46; 2 Cor. 9:6; Prov. 11:24, 25.

Bezaleel y Aholiab. Ex. 31:2, 6. Estos dos hombres fueron llamados y preparados para el trabajo. Bezaleel era de la tribu de Judá, tribu real, Heb. 7:14. Era la primera tribu de la marcha. Núm. 10:14. Aholiab era de la tribu de Dan, la última tribu en el campo. Así el Señor nos enseña que puede escoger sus vasos de cualquier parte. El llamó a un apóstol educado a los pies de Gamaliel y a otro de la barca de pescadores en el lago de Galilea. Ex. 36:2.

Costo del Tabernáculo. Ex. 38:24. Aproximadamente: (en dinero de E.E. U.U.)

Oro	$875,000.00
Plata	" 198,605.00
Bronce	" 693.00

Esta suma no incluye las vestiduras, cortinas, adornos, joyas y labor.

Procedencia de estos valores. Muchos creen que fueron tomados de los egipcios cuando los israelitas salieron de Egipto. Ex. 11:2. Habían estado en esclavitud durante mucho tiempo, y demandaron de los egipcios oro y plata antes de salir. Les pertenecía por derecho de sus servicios. Otros afirman que estas riquezas fueron despojos obtenidos de los enemigos, los amalecitas. Ex. 17:8-13.

El orden en el cual las instrucciones fueron

dadas por Jehová a Moisés, en cuanto al tabernáculo y sus vasos, es también el orden en el cual fueron hechos y colocados, es decir, de adentro hacia afuera. o del Lugar Santísimo hacia el altar de bronce. Ex. 25:10-40. El orden es, de Dios hacia el hombre. Nos recuerda el camino del Hijo de Dios, que descendió del seno de su Padre al pesebre de Belén, y a la cruz del Calvario, desde la cual alcanzó al pecador en todo su pecado. El orden en el cual nuestras almas perciben la verdad es de afuera hacia adentro. Comenzamos en la puerta y el altar de bronce (la salvación), llegamos a la fuente, (la santificación) y seguimos hasta llegar al trono de Dios en el Lugar Santísimo.

Ejemplos de este orden. En Efesios, Dios comienza consigo mismo. El habla de su gloria y propósito y de su gracia en Cristo antes que el mundo fuese. Cap. 1. Luego busca al hombre y le encuentra en pecado. Después le levanta y le sienta en lugares celestiales en Cristo Jesús, Efe. 2:5, 6. Así la obra divina es del Lugar Santísimo hacia la puerta del atrio, y de la puerta regresa al Lugar Santísimo. Ahora, en Romanos, vemos que Dios comienza en la puerta del atrio con la condición perdida del hombre, Rom. 1, y entonces, por medio de la salvación, lo saca de la condenación y termina santificándole por la fe, Rom. 2:23, 24, y le asegura que ya no hay separación entre el Lugar Santo y el Lugar Santísimo. Rom. 5:1; 8:1.

El Tabernáculo es tipo de:

a. Cristo. Juan 1:14; 2 Cor. 5:19-21.
b. La Iglesia. Efe. 2:22.
c. El creyente. 1 Cor. 3:16, 17; 1 Cor. 6:19; 2 Cor. 6:16.
d. Cosas por venir. Apoc. 21:3.
e. El hombre en su naturaleza triple. El atrio representa al hombre físico, o cuerpo; el Lugar Santo al hombre intelectual o el alma; el Lugar Santísimo, a la vida espiritual o el espíritu.

Preguntas para Repasar

1. Nombre algunos símbolos del Antiguo Testamento.
2. ¿Cuál fué el objeto del Tabernáculo?
3. Desde Adán hasta nuestros días, ¿cómo se ha revelado Dios a los hombres?
4. ¿Qué revela el Tabernáculo?
5. ¿Quién hizo el plan del Tabernáculo?
6. ¿De dónde se obtuvieron los materiales?
7. ¿Quiénes eran Bezaleel y Aholiab?
8. ¿De dónde consiguieron los israelitas el oro, plata, bronce etc. para edificar el Tabernáculo?
9. ¿En qué orden fueron dadas las instrucciones acerca del Tabernáculo, y en qué orden fueron colocados en él los muebles?

10. ¿En qué orden experimentan nuestras almas las verdades simbolizadas en el Tabernáculo?

11. Haga la comparación entre Efesios y Romanos en cuanto a la obra de Dios hacia el hombre, y del hombre hacia Dios.

12. ¿De qué es símbolo el Tabernáculo? Relate cinco cosas.

CAPÍTULO 2

EL ATRIO DEL TABERNACULO.

Ex. 27:9-18.

El Tabernáculo miraba hacia el Este. El atrio era un patio de unos 45 metros de largo por 23 de ancho, aproximadamente, cerrado por cortinas de lino torcido, sostenidas por 60 columnas—que descansaban en basas de bronce. Las cortinas tenían doble fin: daban habitación a Dios y excluían al hombre.

Las Cortinas del Atrio. Eran de lino torcido. Este es símbolo de justicia. y pureza en Dios y en el hombre. En cuanto al hombre, es símbolo de la justicia que Dios requiere y de la cual el hombre carece, motivo por el cual está excluído de la presencia de Dios. En Dios, es símbolo de la justicia que rodea su habitación y que excluye cualquiera cosa impura e inmunda. Revela lo que Dios es en sí: absoluta santidad. Nos da a conocer nuestra necesidad de justicia como el primer requisito para acercarnos a Dios, al mismo tiempo la clase de justicia que necesitamos—esto es, la de Dios. Las cortinas tenían unos 2 metros 20 de altura, es decir, una altura que supera la estatura del hombre, enseñándonos así que necesitamos una justicia mayor que la de nosotros mismos. Dios estima nuestra justicia como trapos de inmundicia. Isa. 64: 6; Rom. 3:20-23; Mat. 5:20. El extranjero que se acercara al tabernáculo era condenado a muerte. Núm. 3:38. Esto manifiesta que la justicia de Dios condena a todos los que no aceptan a Cristo. Juan 3:36; 1 Tes. 1:10. Fuera de Cristo no hay sino ira para el hombre. No puede el hombre acercarse a Dios sino por medio de la puerta. Juan 14:6.

Las Columnas del Atrio. Ex. 27:10-12. Estas fueron hechas de bronce, sostenidas en basas de bronce. El bronce habla del juicio del pecado. Los capiteles de las columnas y sus molduras eran de plata. La plata representa la expiación. Ex. 38:25-28; 30:12-16. Las columnas de bronce representan a Cristo quien llevó en la cruz el juicio divino por los pecados de todos nosotros. 1 Ped. 2:24; Isa. 53:6. Las molduras de plata, o *varas conexivas*, y los ganchos, unían y sostenían toda la pared. Las columnas del atrio no solamente hablan de Cristo, sino también hablan de su pueblo. Nos muestran la seguridad, establilidad, unidad y responsabilidad de los creyentes.

Seguridad. Las columnas erigidas sobre basas de bronce simbolizan al creyente, edificado sobre la obra perfecta de Cristo; la justicia de Dios ha sido satisfecha y el hombre puede cantar lo que dice en Salmo 30:4. "Cantad a Jehová, vosotros sus santos, y celebrad la memoria de su santidad." No hay otro fundamento. Sobre éste el creyente está seguro.

Estabilidad: Núm. 3:36 y 37 hace referencia a estacas y cuerdas que servían para sostener las cortinas y darles firmeza. Así también el creyente puede contar con estacas, que son las promesas de Dios, las cuales darán estabilidad a su experiencia cristiana. Algunas de estas estacas son: Rom. 14:4; Juan 10:28-30; Col. 3:3.

Unidad. Ex. 27:17. La versión moderna dice: "Todas las columnas para el atrio alrededor serán unidas con *varas conexivas* de plata;" Léase Ex. 30:16 con 38:25, 28. La plata de la expiación unió aquellas 60 columnas. Así también la obra redentora de Cristo une a los creyentes en El. Compárese 1 Cor. 12:12, 13. Efe. 2:12-16.

Responsabilidad. ¿De qué se componía la

pared? De lino fino, que habla de Cristo como hombre perfecto. Las columnas no se mostraban a sí mismas; solamente sostenían y manifestaban el lino fino, que las cubría. Así el creyente tiene la responsabilidad de revelar a Cristo en su propia vida, y así es como una columna. 2 Cor. 4:10, 11. La responsabilidad de la Iglesia es la de ser separada del mundo y revelar a Cristo.

La Puerta del Atrio. Ex. 27:16, 17. Esta nos dice que Cristo vino a ser la Puerta de acceso a Dios; que el hombre por naturaleza está afuera y que El vino a llevarnos a Dios. Juan 10. Había una sola puerta para entrar al atrio. Esta era una cortina de lino fino torcido, de unos 9 metros de largo por 2.20 de alto, sostenida por 4 columnas.

Las cuatro columnas nos hablan de los 4 escritores de los Evangelios: Mateo, Marcos, Lucas y Juan. Ellos presentan a Cristo en su vida, muerte y resurrección como el único medio o Puerta por el cual el hombre puede acercarse a Dios. En la puerta del Tabernáculo mismo, es decir, el Lugar Santo donde todo habla de Cristo y la Iglesia en comunión con El, hay cinco columnas, recordándonos de los cinco escritores de las Epístolas donde Pablo, Pedro, Judas, Juan y Santiago ministran a la iglesia.

Los colores de la Puerta—azul, púrpura, carmesí, y lino fino torcido. El azul nos dice que Jesús vino del cielo; el carmesí habla de su sangre derramada; el púrpura declara que El es Rey Eterno; el lino fino blanco simboliza la humanidad perfecta de Cristo. Estos colores también corresponden a los Evangelios. *Mateo*—púrpura, color de reyes. El pensamiento principal de Mateo es que Cristo es el Rey Ungido de Dios. *Marcos*—carmesí. Este color fué obtenido de un gusano, y habla de la humillación de Cristo que fué hallado como siervo. Marcos presenta a Cristo como siervo. *Lucas*—el lino fino blanco habla de la perfecta humanidad de Cristo, y Lucas presenta a Cristo como Hombre. *Juan*—azul—celestial—divino. Juan presenta al Señor como Dios, divino y eterno.

Estos mismos colores se encuentran en las cortinas de la puerta del Lugar Santo, y también en el velo. La única diferencia es que este último tenía querubines.

Las cuatro columnas de la Puerta fueron levantadas sobre cuatro basas de bronce. El bronce habla de juicio del pecado. No tendríamos puerta de acceso a Dios si no hubiera caído el juicio de nuestros pecados sobre Cristo.

La Puerta era el único acceso a Dios. Juan 14:6; Hechos 4:12; Efe. 2:18. Era ancha y baja en comparación con la puerta del Lugar Santo. El área era igual, pero la del Lugar Santo tenía dos veces la altura de la del atrio. Esto nos dice que el camino se vuelve más angosto, pero también más alto para los que desean ser sacerdotes de Cristo y vivir en íntima comunión con El. De la anchura de la Puerta del Atrio se deduce el amor de Dios para el mundo pecador y lo fácil que es obtener salvación. Juan 3:16. Siendo baja, representa la humildad necesaria de parte de quien entre, ya sea rey, mendigo, rico o pobre.

Preguntas para repasar

1. ¿Qué era el atrio del Tabernáculo?
2. ¿Para qué servía?
3. ¿De qué son símbolos las cortinas del atrio?
4. ¿Qué nos dan a entender las cortinas?
5. ¿Qué altura tenían, y qué nos enseñan éstas?
6. ¿De qué fueron hechas las columnas del atrio, y con qué fueron unidas?
7. ¿Qué tipifican el bronce y la plata?
8. Mencione las cuatro cosas que nos enseñan las columnas en cuanto a los creyentes.
9. Describa la puerta del atrio.
10. ¿Qué significado tienen los cuatro colores de la puerta?

11. Haga una comparación entre la puerta del atrio y la del Tabernáculo mismo, o sea la puerta del Lugar Santo.

12. ¿Qué nos enseñan la anchura y la altura de la puerta del atrio?

CAPÍTULO 3

LOS VASOS DEL ATRIO

Los Vasos del Atrio eran el altar de bronce y el lavacro. Son símbolos de Cristo en la obra de redención que hizo en la tierra, mientras los del Lugar Santo representan a Cristo glorificado en los cielos, y su obra en favor de los santos.

El Altar de Bronce. Ex. 27:1-8; 38:1-7. La palabra "altar" significa "un lugar levantado." Aquí se derramaba la sangre de los sacrificios. En el altar vemos la bondad y severidad de Dios—bondad hacia nosotros, severidad hacia la víctima que lleva nuestros pecados; amor e ira; justicia y paz. El fuego de este altar era perenne. El altar de bronce nos enseña que la demanda y derechos de Dios han de ser satisfechos antes de poder gozar de comunión con El.

Su posición. Fué colocado en la puerta.

Lev. 4:7. Era la primera cosa que los israelitas encontraban al acercarse a Dios. No había acceso a Dios sino por medio de un sacrificio. Habla de la cruz y de las primeras verdades que debemos conocer, y es el principio de nuestras relaciones con Dios. El sacrificio por el pecado era quemado fuera del campo. Ex. 29:13, 14; Lev. 4:5-7, 11, 12, 16-21; Lev. 16:14-19, 27, pero el sebo se quemaba en el altar de bronce y la sangre era llevada por el sacerdote una vez al año al Lugar Santísimo.

Materiales y forma del Altar. Fué hecho de madera de acacia y cubierto de bronce y tenía las siguientes medidas: 2.20 metros de largo por 2.20 de ancho y 1.30 de alto, aproximadamente. La madera era de gran durabilidad, hablándonos de la humanidad de Cristo, sin corrupción ni pecado. El bronce daba resistencia, manifestando así la fuerza permanente de Cristo, y también el juicio del pecado. Cristo se hizo carne (la madera de acacia) para poder ser juzgado por nuestros pecados. Heb. 10:5. El altar era cuadrado—cuatro es el número que representa la tierra; los cuatro puntos cardinales; los cuatro vientos, etc. Habla de la salvación para el mundo entero. El tamaño del altar era tal que todos los demás muebles o vasos del Tabernáculo podrían haber cabido dentro. mostrándonos así que todas nuestras bendiciones como creyentes están incluídas en la muerte de Cristo y su sangre derramada.

Relación del altar con el propiciatorio en el Lugar Santo. Era hueco, pero adentro tenía un enrejado de bronce sobre el cual se encendía el fuego y se ponían los sacrificios. El enrejado estaba elevado al mismo nivel que el propiciatorio. Como el altar habla de justicia y juicio, y el propiciatorio habla de misericordia, el hecho de estar al mismo nivel nos enseña que la misericordia y la justicia de Dios son iguales. No puede haber misericordia sin satisfacer la justicia por medio del sacrificio.

Los cuernos del altar. En la Biblia, son símbolos de fuerza o poder. Ex. 27:2; Apoc. 17:12; Sal. 18:2. El sacerdote ponía la sangre en los cuernos. Ex. 29:12. Eran lugar de refugio para el pecador. 1 Reyes 2:28.

No había gradas en el altar. Ex. 20:26. Esto nos enseña que el hombre no puede subir hacia Dios con su justicia humana sin exponerse al juicio. Dios desciende hasta el hombre. Tito 3:6.

El Sacrificio. Todos los días tanto de mañana como de tarde, era ofrecido el cordero, de manera que a toda hora del día se encontraba el sacrificio quemándose y la puerta abierta. De la misma manera, el sacrificio de Cristo es siempre recordado por Dios. Siempre habla a favor de nosotros. Siempre es eficaz. Ex. 29:38, 39.

Cuatro aspectos de la Redención, que corresponden a los cuatro lados del altar:

1. *Propiciación.*—Para aplacar el juicio de Dios y llevar la culpa de la ley violada. Esta fase tenía que ver solamente con Dios. Rom. 3:25.

2. *Substitución.*—Cristo llevó la culpabilidad del hombre. En Lev. 16 encontramos en el día de la Expiación la lección de substitución. Aarón coloca las manos sobre la cabeza del macho cabrío y confiesa los pecados del pueblo.

3. *Reconciliación.* Ella significa pasar de la enemistad al favor de Dios. La culpa perdonada por el sacrificio en la cruz. Cristo es el medio de reconciliación. Rom. 5:10: Efe. 2:16; Col. 1:20.

4. *El Rescate.*—Quiere decir que el precio ha sido pagado. Todos estábamos vendidos al pecado. El vino a rescatarnos. El rescate es completo, suficiente para espíritu, alma y cuerpo. Nos libra de la pena y del dominio del pecado y de la carne, del mundo y de Satanás. Mat. 20:28; Hech. 20:28.

La sangre del Sacrificio por el pecado fué colocada así:

1. Rociada enfrente del velo en el Lugar Santo.

2. Sobre el propiciatorio en el Lugar Santísimo. Lev. 16:14, 15.

3. En el altar de incienso en el Lugar Santo. Lev. 16:10.

4. Sobre Aarón y sus hijos, los sacerdotes. Lev. 8:30.

5. Sobre los cuernos del altar. Lev. 4:17, 18.

6. El resto fué derramado cerca del altar de bronce. Lev. 4:7, 8.

La sangre derramada en la tierra nos habla de la redención de la tierra. Rom. 8:20-22. El poder de la sangre es suficiente para todo el universo.

El Lavacro. Ex. 30:17-21. El lavacro fué hecho de bronce, y fué colocado entre el altar de bronce y el Lugar Santo. No sabemos la forma ni el tamaño del lavacro, ni tampoco sabemos cómo era llevado durante la marcha. Tenía un pie de bronce. En esto se diferenciaba de todos los otros vasos. El pie lo conectaba con la tierra, y al mismo tiempo lo elevaba, enseñándonos que estaba relacionado con el andar terrenal de un pueblo que tiene su ciudadanía en el cielo.

El lavacro nos habla de Cristo, la Palabra Viviente. El agua en el lavacro nos habla de la

Palabra escrita. La verdad espiritual que este vaso enseña es la de la *Santificación por la Palabra de Dios*. Efe. 5:25-27. Llegamos al lavacro después de pasar por el altar. El altar es para los pecadores; el lavacro es para los sacerdotes y tiene que ver con su separación para entrar en el santuario con el fin de adorar. El lavacro nos habla de la gracia de Dios manifestada en la preparación de Sus hijos para la vida celestial. Tito 3:5-7. No tenía dimensiones, enseñándonos que la gracia de Dios es sin medida. El lavacro fué hecho de los espejos de bronce de las mujeres de Israel. Ex. 38:8. No solamente es este hecho un ejemplo del espíritu de sacrificio, sino que tiene también un significado espiritual. El espejo refleja la persona misma. Muestra sus bellezas o deformidades. Así la Palabra de Dios, como espejo, refleja las bellezas o deformidades espirituales del creyente. Ella revela y juzga. Sant. 1:23, 24; 1 Cor. 11:30-32. Como el lavacro estaba lleno de agua para limpiar, así también la Palabra de Dios no solamente revela las manchas sino también a Cristo como Aquel que tiene poder de limpiarnos. Heb. 4:12-16.

Los sacerdotes, en el día de su consagración, fueron llevados a la puerta del Tabernáculo y lavados completamente por Moisés. Ex. 29:4; Lev. 8:6. Otra persona tenía que lavarlos; no podían hacerlo ellos mismos. Nunca fué repetido este hecho. Esto simboliza la salvación y está de acuerdo con Tito 3:5. La palabra "lavar" en Ex. 29:4 significa. "lavarse completamente, bañarse" pero en Ex. 30:20 quiere decir lavar una parte, la cara y las manos. Juan 13 es un comentario acerca del lavacro. Cristo hizo la misma diferencia en el uso de las palabras "bañarse" y "lavarse," en ver. 10. Juan 13:10 es el antitipo del lavacro. El segundo paso en la consagración de los sacerdotes fué lavarse las manos y los pies en el lavacro diariamente antes de entrar y servir en el Lugar Santo. Sal. 24:3, 4; Sal. 26:6; Isa. 52:11; 1 Juan 2:1, 2.

Unos pensamientos prácticos (W. S. Hottel)

1. Debemos ser limpios en espíritu, alma y cuerpo para ministrar delante del Señor. 2 Cor. 7:1.

2. Un solo pecado puede hacernos inútiles para el servicio del Señor. Los pecados secretos no afectan nuestras vidas delante de los hombres, sino nuestra comunión con Dios. Nos roban el poder con Dios y con los hombres.

3. Lavarnos no es asunto de nuestra propia opinión o gusto, sino de absoluta necesidad. El juzgarnos a nosotros mismos, y la obediencia a la Palabra son imprescindibles

para que nuestras vidas sean bendecidas y útiles. El sacerdote tenía que lavarse en el lavacro o morir, y así tenemos nosotros que guardarnos limpios y puros o la vida espiritual se acabará.

Preguntas para Revisar

1. ¿Cuáles son los vasos del atrio, y qué tipifican?
2. ¿Dónde fué colocado el altar de bronce, y de qué nos habla?
3. ¿De qué fué hecho, y que significan estos materiales?
4. ¿Qué relación hay entre el altar y el propiciatorio, y qué enseñanza hay en ella?
5. ¿Cuáles son los cuatro aspectos de la redención que corresponden a los cuatro lados del altar?
6. ¿Dónde era rociada la sangre?
7. ¿De qué fué hecho el lavacro, y de dónde consiguieron este metal?
8. ¿Qué significa el hecho de que tenía un pie de bronce?
9. ¿Qué tipifica el lavacro, y el agua?
10. ¿Qué verdad espiritual nos enseña el lavacro?
11. Compare el lavacro hecho de espejos y la Palabra de Dios.

12. ¿Qué semejanza hay entre el sacerdote bañado por Moisés en el día de su consagración, lavándose después todos los días en el lavacro, y el creyente?

13. ¿Qué pensamientos prácticos encontramos en el estudio del lavacro?

CAPÍTULO 4

SUS BASAS, TABLAS, CUBIERTAS Y CORTINAS

El Tabernáculo era un rectángulo de 13.50 metros de largo, por 4.80 de ancho y 4.50 de alto, aproximadamente. Fué hecho de 48 tablas, cubiertas de oro, paradas y sujetas en basas de plata. Las tablas fueron unidas por cinco barras que se extendían a lo largo del tabernáculo. Cuatro de las barras pasaban por los anillos afuera de las tablas, y la quinta pasaba por medio de las tablas de un extremo al otro, y no podía verse.

Las basas de plata o el fundamento del Tabernáculo. La arena del desierto no era una base sólida para erigir el Tabernáculo, y por consiguiente hicieron basas de plata. Eran 96. Dos para cada una de las cuarenta y ocho tablas. Todas juntas pesaban 4 toneladas de plata más o menos. La plata era del dinero de la Expiación. Ex. 30:12-15. Este fundamento de plata es símbolo de la expiación de Cristo, que es la base para edificar y mantener su cuerpo, la Iglesia. 1 Cor. 3: 11; 2 Tim. 2:19; 1 Ped. 1:18, 19. Las tablas eran separadas de la tierra por medio de estas basas. Habían sido árboles, plantados *en* la tierra. Pero en el tabernáculo estaban *sobre* la tierra. Sus raices no estaban en la tierra, ni pertenecían a la tierra. Así la cruz de Cristo no solamente separa a los creyentes de sus pecados y de la ira de Dios, sino que los separa también del mundo y de su antigua manera de vivir. Están *en* el mundo pero no son *del* mundo.

Las Tablas del Tabernáculo. Ex. 26:15-25. Eran veinte a los dos lados y ocho detrás. Fueron hechas de madera de acacia y cubiertas de oro. Cada tabla tenía dos quicios (agarraderas) por los cuales estaba conectada con las bases de plata. Las tablas, cubiertas de oro son símbolo de Cristo en su naturaleza humana y divina, y también de los creyentes que componen la iglesia de Dios. Efe. 2:22; 1 Pedro 2:5. En los extremos de cada tabla había un quicio que quiere decir "mano" que se ajustaba entre las basas de plata, enseñándonos que cada uno de por sí debe echar mano de la salvación. Todas tenían la misma longitud, lo que nos enseña la igualdad de todos delante de Dios. Efe. 4:13; Rom. 8:29. Habrá diferentes galardones, según nuestras obras, pero no habrá diferencia en cuanto a nuestra aceptación como hijos de Dios, salvados por la fe en Cristo.

Una lección de las tablas. Estas tablas fueron antes hermosos árboles de acacia, plantados en la tierra. La tierra les sustentaba. Indudablemente eran de hermosísima apariencia pero el día vino cuando Jehová los necesitó. Fueron cortados, su conexión con la tierra fué destruída para siempre, y murieron. Se les despojó de sus ramas, fueron aserrados y reducidos a tablas. Después de todo esto, fueron cubiertos de oro puro, y llegaron a ser la morada de Dios.

La lección especial es profunda en su aplicación. Nosotros también, en nuestro estado natural, somos como los árboles de la tierra, quizá buenos y amables por naturaleza. Pero Dios tiene que arrancarnos, Efe. 2:4-10; Job 19:10, y despojarnos de lo que es natural. Heb. 12:11. Somos su hechura. Efe. 2:10; 2 Cor. 5:5; 1 Cor. 3:9. El también nos cubre con su justicia y nos hace aceptables a Dios, una habitación para sí. La madera representa la humanidad y el oro la Divinidad. Efe. 1:6; Col. 2:10; Rom. 3:24; Efe. 2:22; Eze. 16: 6-15. Tenemos aquí la enseñanza del hombre viejo que muere para que el nuevo hombre en Cristo sea el único visible.

Las barras que unían las tablas. Ex. 26:26-28; 36:31-33. Fueron hechas de madera de acacia cubiertas de oro—cuatro visibles y una invisible. Las cuatro visibles pasaban por anillos de oro afuera de las tablas, y la quinta pasaba por medio de las tablas de un extremo a otro, y no podía verse, dando así la firmeza a las tablas, y sosteniéndolas en su lugar. Las cuatro visibles representan la organización de la Iglesia, y también concuerdan con Hechos 2:42—doctrina, comunión, partimiento del pan, y las oraciones. La barra invisible representa a Cristo quien mora en cada creyente por el Espíritu Santo, haciendo así un solo templo de Dios. 1 Cor. 3;16, 17. Es el deber de cada creyente esforzarse en guardar la unidad del Espíritu. Efe. 4:3-7.

También nos enseñan otra lección concerniente a los cinco dones de Efe. 4:8-13. Las cinco barras corresponden a los cinco dones y su objeto, "para perfección de los santos, para la obra del ministerio, para la edificación del cuerdo de Cristo."

Pastores
Maestros
Evangelistas
Apóstoles
Profetas

Apóstoles y Profetas

Los apóstoles y profetas son el fundamento. Nosotros somos edificados sobre sus enseñanzas y fundamento. Efe. 2:20. La barra de en medio representa el ministerio del evangelista que es universal.

Las Cubiertas y Cortinas del Tabernáculo

Había dos cubiertas y dos cortinas. Una de las cubiertas fué hecha de cueros de tejones y la otra de cueros de carneros teñidos de rojo. Debajo de éstas se encontraban las dos cortinas, una hecha de pelo de cabras, y la otra de lino torcido. Ex. 36:8-19. Cada una de éstas representa alguna característica de la obra perfecta de nuestro Señor Jesucristo.

1. *La Cubierta de cuero de tejones.* Estos tejones se encuentran en abundancia en las orillas del mar Rojo. Los cueros no eran curtidos, sino toscos y desagradables en su apariencia, hablándonos así de la humillación de Cristo. Eran sin medida o dimensión, y así la humillación de Cristo no puede ser medida.

Isaías habla de esto en cap. 53 y el apóstol Pablo exhorta a la Iglesia en Heb. 13:12, 13, a seguir al Señor en este mismo camino de humillación, llevando su vituperio. La cubierta exterior era tan necesaria como la hermosa cortina interior. La humillación de Cristo era tan necesaria como su gloria. Nosotros, como verdaderos discípulos de Cristo, debemos estar listos para llevar esta cubierta también, que es la burla y desprecio del mundo. Recordemos que la gloria moró adentro. 1 Cor. 1:26-29. Esta cubierta era impermeable. La lluvia y el polvo no podían traspasarla, y esto nos enseña también la separación de Cristo del mundo y del pecado. No pudo el pecado ni el mundo entrar en El.

La Cubierta de cueros de carneros teñidos de rojo. Ex. 26:14. Esta cubierta habla de la consagración hasta la muerte. No hubo dimensiones dadas, significando que no podemos sondear las profundidades del divino amor en la consagración y muerte de Cristo, y no podemos limitar el poder de la sangre de Cristo. Juan 1:29; Heb. 10:19-22. Esta cubierta nos muestra el objeto de la Encarnación—la muerte en la cruz. Los cueros de carneros teñidos de rojo lo identifican como ofrenda voluntaria. Lev. 1:3-9; Heb. 10:4-9. Los creyentes en Cristo deben también consagrarse a Dios para servirle como ofrenda voluntaria, como exhorta el apóstol Pablo en Rom. 12:1, 2.

3. *Las Cortinas de pelo de cabra.* Ex. 26:7-13. Estas cortinas simbolizan el sacrificio de Cristo por el pecado. Rom. 5:9; Heb. 10:17. Tenían 13.50 metros de largo por 1.80 de ancho aproximadamente, y se componían de 11 tiras, (una más que las de la cortina de lino torcido). La tira extra colgaba sobre la puerta del Tabernáculo, de modo que el que entraba la veía y podía recordar la expiación hecha, por cuyo mérito tenía él libre entrada al Lugar Santo. Esta tira "extra" nos hace pensar en la frase "mucho más" que ocurre cuatro veces en la Epístola a los Romanos, cap. 5. Quiere decir que cuando Cristo murió, Dios fué más glorificado en su muerte de lo que había sido deshonrado por el pecado; y el creyente gana más por la muerte de Cristo de lo que perdió por el pecado de Adam. Diez mandamientos violados, pero *once* tiras nos dicen que la expiación ha sido amplia y alcanza para "mucho más" que las consecuencias del pecado.

Las cortinas de lino torcido. Ex. 26:1-6. Estas eran visibles solamente a los sacerdotes en el Lugar Santo. Representan a Cristo glorificado. Tenían unos 12 metros de largo, y eran 10 en número. Estaban unidas de cinco en cinco por corchetes de oro. El significado de los colores azul, púrpura, y carmesí en estas cortinas, es el mismo que el de las cortinas en la puerta del atrio. La única diferencia entre éstas y aquéllas es que las del tabernáculo tenían querubines de oro. La puerta del atrio habla de Cristo en la tierra; las cortinas hablan de Cristo en el cielo. Las alas extendidas de los querubines parecen proteger a todos los que están debajo de ellas. El sacerdote, al entrar en el Lugar Santo, y mirar hacia arriba, veía esta cortina hermosa que formaba el techo, y que es símbolo de Cristo glorificado. Así, mirando hacia arriba nosotros vemos a Cristo exaltado a la diestra de Dios, y Aquel, que una vez llevó el juicio de nuestros pecados, ahora, en la gloria, nos cobija y nos protege por su poder. Como los querubines formaban parte integrante de las cortinas, así nos recuerdan que la Iglesia está unida perfectamente con Cristo. Efe. 5:30.

Preguntas para repasar.

1. ¿Cuál era la forma y tamaño del Tabernáculo mismo?
2. Describa el fundamento del Tabernáculo.
3. Describa las Tablas.
4. ¿Cuál es la lección espiritual que encontramos en las tablas?
5. ¿Cuántas barras unían las tablas, y de qué fueron hechas?
6. ¿Qué representan las barras?
7. ¿Cuántas cubiertas y cortinas había?
8. Dé una descripción de cada una de ellas, y la enseñanza espiritual.

CAPÍTULO 5

EL LUGAR SANTO

La Puerta, La Mesa de los Panes, El Candelero de Oro, El Altar de Incienso, El Velo.

La Puerta del Tabernáculo. Ex. 36. Esta fué hecha de cinco columnas de madera de acacia cubiertas de oro y sostenidas sobre basas de bronce. De estas columnas colgaba el primer velo o cortina, de lino torcido, bordado de jacinto, púrpura y carmesí. Esta puerta es tipo de Cristo quien nos da entrada a la presencia de Dios, y a la comunión con El. Las basas de bronce en la puerta simbolizan el hecho que sólo porque Cristo llevó el juicio del pecado por nosotros, podemos entrar a la presencia de Dios. La puerta del atrio era ancha, la del santuario era angosta en comparación. La primera era para todos, la segunda solamente para los sacerdotes. El Evangelio de la Gracia de Dios es para todo el mundo, y la puerta es ancha para todos. Los privilegios y bendiciones de la comunión con Dios son solamente para su pueblo redimido y consagrado, y por consiguiente la puerta es estrecha. Las cinco columnas representan a los cinco escritores de las Epístolas: Pedro, Pablo, Santiago, Judas y Juan, cuyo ministerio es particularmente a los creyentes, es decir, a los adoradores.

El Lugar Santo. Este representa los lugares celestiales, donde el creyente está sentado por la fe con Cristo. Era el lugar donde el sacerdote ministraba. Nuestro privilegio ahora, según 1 Pedro 2:5; es entrar a la presencia de Dios y ofrecer sacrificios espirituales. Dios no solamente salva a los pecadores sino que hace de ellos adoradores. En el Lugar Santo encontramos la mesa de los panes, el candelero de oro, y el altar de incienso.

La Mesa de los Panes. Ex. 25:23-30. Esta fué hecha de madera y cubierta de oro. Tenía unos 90 centímetros de largo, por 45 de ancho y 70 de alto. Estaba colocada al lado derecho en el Lugar Santo. La madera representa la humanidad y el oro la Divinidad de Cristo, y por estar en el Lugar Santo representa a Cristo glorificado en los cielos "el hombre Cristo Jesús." Heb. 10:12, 13. Tenía una corona de oro, enseñándonos que Cristo, quien dejó su trono de gloria en la encarnación, está coronado de gloria y honra en su exaltación. Fil. 2:8-11; Heb. 2:9. La moldura del anchor de una mano, Ex. 37:12 alrededor de la mesa, servía para impedir que los panes cayesen de la mesa, y así nos habla de la seguridad de todos los que confían en Cristo. Rom. 5:10; Juan 10:27-29. La mesa tenía cuatro anillos de oro, uno en cada esquina, por los cuales se metían las varas para llevarla.

Sobre esta mesa fué colocado el pan de la proposición, o de "la presencia" llamado así porque estaba en la presencia de Dios. Ex. 25:30. Estos panes eran cambiados cada sábado por pan fresco, y los sacerdotes comían el pan que quitaban de la mesa. Estos nos hablan de Cristo resucitado, siempre en la presencia de Dios, quien es el Pan de Vida que sostiene la vida espiritual de cada creyente. Juan 6:33-35; Juan 6:51-53.

Los panes eran hechos de harina fina. Ello nos demuestra que la muerte y resurrección de Cristo eran necesarias para que El pudiera ser el alimento de nuestras almas. Juan 12:24. El grano de trigo muere, crece, es cortado, trillado, molido, amasado y horneado. Cada pan habla de los sufrimientos que Cristo padeció para que nosotros pudiéramos encontrar en El el pan de Vida. No tenían levadura porque la levadura es tipo del pecado.

Se ponían doce panes en la mesa. Estos representan también a las doce tribus de Israel, unidas como Dios las vió. 1 Reyes 18:31; Eze. 37:21, 22; Apoc. 7:4-8; Isa. 66:

19-23. También representan a los verdaderos creyentes en Cristo, que están siempre delante de Dios en El.

El Candelero de Oro. El Candelero fué hecho de una pieza sólida de oro, labrado a martillo. Pesaba como 57 kilos. Ha sido avaluado en más de 25.000 dólares. Fué colocado al lado izquierdo. Consistía en un pie y su caña, y de sus lados salían seis brazos, tres de cada lado. En cada brazo había tres copas, figura de almendras, una manzana y una flor. Estas copas contenían aceite de oliva. Todo este trabajo fué labrado a martillo, como emblema de tristeza y sufrimiento. Habla de los sufrimientos de Cristo. Isa. 53 y Heb. 5:8.

El candelero es tipo del Espíritu Santo. Toda la luz natural fué excluída del Tabernáculo. Todo el servicio fué hecho con la luz del candelero de oro. Así ahora, las cosas de Dios pueden ser conocidas y entendidas solamente por la iluminación del Espíritu Santo. 1 Cor. 2:14. En Exodo 25:37 leemos "Las cuales encenderás para que alumbren a la parte de su delantera." Esto parece indicar que la misión de las lámparas del candelero era de alumbrar el candelero, (no el cuarto). Así el Espíritu Santo ha venido para glorificar a Jesús y no para hablar de sí mismo. Juan 16:14.

El Candelero es tipo también del Señor Jesucristo, quien es la Luz del mundo. Juan 8:12; 12:34-36. Tipifica también la unión de Jesucristo con su pueblo. Ex. 25:32 dice "Y saldrán seis brazos de sus lados" y esto nos recuerda de Juan 15—la vid y los pámpanos. Somos unidos en su muerte, representada por el labrado a martillo y también en su resurrección, representada por las almendras. Finalmente es tipo de la Iglesia como testigo durante la ausencia de Cristo, atendida y cuidada por el Señor, como Aarón cuidó de las siete lámparas del candelero. El, como sumo sacerdote, echaba aceite a las lámparas y cortaba las mechas. Así anda Cristo entre nosotros con palabras de aliento o de reprensión, según nuestra necesidad. El despabilar la mecha era tan necesario como era el aceite para producir una luz brillante y pareja. Apoc. 1:12, 13. Las despabiladeras eran de oro, y como el oro representa la Divinidad nos hace recordar que es el Señor que tiene su mano sobre nosotros, purificándonos y limpiándonos para que alumbremos en medio de la oscuridad de este mundo.

El Altar del Incienso. Ex. 30:1-11. Este fué llamado también el altar de oro, porque fué hecho de madera de acacia cubierta de oro. En el altar de bronce no había corona porque nos presenta a Cristo en su muerte y humillación; la única corona que El tuvo en la tierra fué la corona de espinas. Hay una corona en el altar de incienso, porque representa a Aquel que por el padecimiento de muerte es hecho un poco menor que los ángeles, para que por gracia de Dios gustase la muerte por todos, pero ahora está coronado de gloria. Heb. 2:9. Este altar representa a Cristo en su ministerio celestial, como sumo sacerdote, el cual intercede por su pueblo. Por su sacrificio, nosotros fuimos redimidos, y por su intercesión El nos mantiene en comunión con Dios. Rom. 8:34; Heb. 4: 15; 7:24-27; 9:24. 26, 27.

El altar de incienso estaba colocado delante del velo, directamente enfrente del propiciatorio en el Lugar Santo. Esto habla de Cristo por medio de quien llegamos a Dios. Juan 14:6; Efe. 2:18. La corona alrededor servía para que no cayese el carbón encendido, y así nos enseña que el incienso de sus méritos y su intercesión prevalecen a nuestro favor para guardarnos de tropezar y caer. El incienso representa también la adoración y alabanza del pueblo de Dios. Como el fuego del altar de bronce fué llevado al altar de oro para quemar el incienso, así el pueblo de Dios recibe inspiración para adorarle meditando en la cruz de Calvario. No se debe ofrecer incienso extraño. Juan 4:24; 1 Pedro 2:5.

El Velo. Ex. 26:32, 33. El Lugar Santísimo fué separado del Lugar Santo por el velo.

Era hecho de lino torcido, cárdeno, púrpura y carmesí con querubines. Estaba suspendido por ganchos de oro en pilares de madera de acacia cubiertos de oro y colocados en basas de plata. En Hebreos 10:20 leemos "El Velo, es decir su carne." Este velo representa la carne o humanidad de Cristo. 1 Tim. 3:16; Juan 1:14. De esto entendemos que como el velo ocultó la presencia de Dios de los hombres, así el cuerpo físico de Jesús ocultó del ojo carnal la plena manifestación de Dios. A la hora que Jesús fué crucificado el velo del templo se rompió en medio, desde arriba hasta abajo. Mat. 27:45-52. Esto quiere decir que fué roto por Dios y no por los hombres. El velo roto significa libre acceso a Dios por la fe en Cristo. Heb. 10:19, 20. El velo tenía querubines, lo mismo que la cortina de lino torcido. Los querubines representan la Esposa de Cristo quien está sentada con Cristo en lugares celestiales, gozando vida de plena comunión con Cristo.

Preguntas para repasar.

1. ¿Qué cosas se encontraban en el Lugar Santo?
2. Describa la puerta del Tabernáculo.
3. ¿Qué enseñanza espiritual tenemos en la puerta y en las basas?
4. Haga la comparación entre la puerta del atrio y la puerta del Lugar Santo, en cuanto a su enseñanza espiritual.

5. ¿Qué representa el Lugar Santo?

6. Describa la mesa de los panes.

7. ¿Qué nos muestran los panes en cuánto a Cristo, en cuánto a la Iglesia, y en cuánto a Israel?

8. Describa el Candelero de Oro.

9. ¿De qué manera simboliza al Espíritu Santo?

10. ¿Cómo representa también al Señor Jesucristo, a la Iglesia, y a la unión del Señor con su pueblo?

11. ¿Qué enseñanza hay en las despabiladeras?

12. Describa el altar del incienso.

13. ¿Cómo representa a Cristo?

14. ¿Qué significa la corona?

15. ¿De qué es tipo el incienso?

16. Describa el velo.

17. ¿Qué comparación hay entre el velo y el cuerpo físico de Jesús?

18. ¿Cómo y cuándo fué roto el velo? ¿Qué significa esto?

CAPÍTULO 6

EL LUGAR SANTISIMO

El Arca, El Propiciatorio, Los Querubines.

El único mueble en el Lugar Santísimo era el arca con su cubierta llamada el propiciatorio, que era una pieza con los querubines.

El Arca. Ex. 25:10-22. El arca era un mueble hecho de madera de acacia, cubierto por dentro y por fuera de oro puro. El oro simboliza la Deidad y la madera la humanidad de Cristo. Por estar en el Lugar Santísimo es símbolo de Cristo en la gloria, en la presencia del Padre. El Señor Jesús retiene la forma de hombre allá en el cielo. Medía 1.15 metros de largo, por 70 centímetros de alto y de ancho, aproximadamente. Tenía una cornisa de oro encima, y dos anillos en los dos lados para las varas. La cubierta del arca era el propiciatorio. Dentro del arca estaban las dos tablas de la ley. Esto nos habla de Cristo, el arca verdadera, quien guardó y cumplió la ley. Salmo 40:8.

El arca era el trono de Dios y de allí hablaba con Moisés. Salmo 80:1. El propiciatorio, sobre el cual era rociada la sangre, formaba un trono. Encima de éste estaba la columna de fuego y la nube, que se veían afuera. La nube era símbolo de la presencia de Dios. Sólo Moisés podía entrar en cualquier momento y sin sacrificio. Moisés es tipo de Cristo como Mediador entre Dios y el hombre. 1 Tim. 2:5. Aarón podía entrar una vez al año con sangre. Así Cristo ha entrado en la presencia de Dios como nuestro representante, llevando su propia sangre, por la cual nosotros tenemos entrada, Heb. 10:19, y el trono de Dios es para nosotros "trono de gracia." Heb. 4:16.

El Propiciatorio. Ex. 25:17-22. Este fué hecho de oro puro. No tenía madera en su construcción como tenían muchos de los muebles del Tabernáculo. El oro siempre simboliza la Divinidad y Deidad, y en el propiciatorio nos manifiesta que la obra de propiciación es obra Divina. Fué labrado a martillo, tipificando así los terribles sufrimientos de Cristo en su obra de hacer propiciación por el pecado. El arca, con el propiciatorio y los dos querubines, tenía la semejanza de un trono. El propiciatorio habla de la misericordia de Dios manifestada hacia el hombre, en Cristo. La sangre rociada sobre el propiciatorio nos recuerda que la misericordia está basada sobre la justicia.

Los Querubines. Ex. 37:7-9. Cubriendo el arca se encontraban dos figuras de oro llamadas "querubines". Fueron hechos de una pieza con la cubierta, con sus alas extendidas por encima, cubriéndola, y sus rostros el uno enfrente del otro mirando hacia la cubierta.

Los querubines fueron vistos primero con una espada encendida, guardando el árbol de la vida en el Edén, Gén. 3:24. Se ven en figura aquí en el trono de gracia y misericordia. Dios moraba entre los querubines y desde allí se comunicaba con los sacerdotes. Ex. 25:22; Núm. 7:89; 1 Sam. 4:4; 2 Reyes 19:15; Isa. 37:16. Los querubines indicaban la misericordia y gracia de Dios cubriendo su pueblo. Muchos piensan que son también símbolo de la esposa de Cristo. Apoc. 4:6-8; Sal. 45:10-15; 2 Cor. 3:18; 1 Cor. 6:17.

Siete pasos desde el desierto hasta el Lugar Santísimo. (Hottel)

1. Decisión en la puerta.
2. Aceptación en el altar de bronce.
3. Limpieza y santificación en el lavacro.
4. Intercesión en el altar de incienso.
5. Comunión en la mesa de los panes.
6. Testimonio en el candelero de oro.
7. Los ojos naturales contemplan dentro del velo aquello que había sido contemplado espiritualmente.

Preguntas para repasar.

1. ¿Qué se encontraba en el Lugar Santísimo?

2. Dé la descripción del arca.

3. ¿De qué manera nos habla de Cristo?

4. ¿Cuándo entraba Aarón al Lugar Santísimo, y qué llevaba?

5. ¿Qué nos enseña esto en cuanto a Cristo? Dé dos citas.

6. Describa el propiciatorio.

7. ¿Cómo fué labrado el propiciatorio, y qué significa esto?

8. ¿De qué nos habla el propiciatorio?

9. ¿De qué fueron hechos los querubines, y qué lugar ocupaban?

10. ¿Qué representan los querubines?

CAPITULO 7

EL SACERDOCIO, LAS VESTIDURAS SACERDOTALES Y EL SERVICIO DE LOS LEVITAS

El Sacerdocio. Heb. 4:14; 5:1; 8:1. En Israel, el sacerdocio pertenecía a una sola familia, la de Aarón, la tribu de Leví. Este privilegio fué obtenido solamente por nacimiento natural en esta familia. En la época actual de gracia es enteramente diferente. Por nacimiento natural todos somos excluídos de Dios, y por nacimiento espiritual todos somos hechos sacerdotes. 1 Pedro 2:9.

Las Vestiduras Sacerdotales. Ex. 28:2-43; Lev. 8:7-13. Se componían de seis piezas—el ephod, el pectoral, el cinturón, el manto, la túnica labrada, y la mitra.

1. *El Ephod.* Ex. 28:5, 6, 8; 39:3. Fué hecho de lino torcido, azul, púrpura y escarlata lo mismo que las cortinas, y sobretejido con hilos de oro. Esta fué la pieza de más afuera. Consistía en dos partes, unidas en los

hombros con adornos de oro, en donde fueron colocadas las piedras oniquinas, en las cuales fueron grabados los nombres de los hijos de Israel, seis en cada piedra, y una piedra en cada hombro. Las piedras representan a Israel llevado continuamente delante de la presencia de Dios sobre los hombros del sacerdote. Los hombros significan fuerza y el pecho significa afecto. En un símbolo de Cristo quien lleva a su pueblo continuamente delante de Dios, intercediendo por ellos. Heb. 7:25.

2. *El pectoral.* Ex. 28:15-29, llamado también el racional. Estaba hecho del mismo material que el ephod, y doblado en forma de bolsa en la cual estaba el Urim y Thummim. El pectoral era lo más hermoso y costoso de todas las vestiduras. Colocadas en orden sobre el pectoral había doce piedras preciosas, y cada piedra llevaba grabado el nombre de una de las tribus de Israel, siendo así llevados sobre el pecho (corazón) del sacerdote. El pectoral y el ephod estaban conectados por una cadena pequeña de oro, y como el hombro donde estaban las piedras del ephod es símbolo de fuerza, y el pecho donde estaban las piedras del pectoral habla de amor, tenemos el pensamiento de la fuerza y amor divinos, unidos para la preservación del pueblo de Dios.

El Urim y Thummim. Ex. 28:30. No se sabe su verdadero significado, pero sabemos que por medio de ellos la voluntad de Dios fué dada a conocer en varias ocasiones en la historia de Israel. Sin ellos, Israel no sabía que hacer. Esdras 2:63; Nehemías 7:65. Dios mostró su desagrado con Saúl no contestándole por Urim. 1 Sam. 28:6. Urim significa "luces." Thummim significa "perfecciones." Se cree que eran dos piedras que llevaban estos nombres. Son símbolo del Espíritu Santo quien nos da a conocer la voluntad de Dios.

3. *El cinturón.* Es símbolo de servicio, manifestando a Cristo al servicio constante de su pueblo. Apoc. 1:13; Isa. 11:5; 42:1-4; Fil. 2:5-8; Juan 13:1-10.

4. *El Manto del Ephod.* Era azul, y el sacerdote lo llevaba puesto sobre la túnica blanca y debajo del ephod. El color azul habla del carácter celestial de Jesús. Abajo en las orillas, estaba adornado con granadas de jacinto, púrpura y carmesí, y entre éstas, campanillas de oro, Ex. 28:33, 34, que sonaban cuando el sacerdote entraba y salía. Así sabían los israelitas que el sacerdote era aceptable a Dios mientras ministraba en el Lugar Santísimo a favor de ellos. El sonido de las campanas les aseguraba que estaba vivo. Así también sabemos que el Señor Jesucristo y su sacrificio por nosotros son aceptables por el testimonio del Espíritu en nosotros y el fruto de su obra

en la almas salvadas. Las campanillas de oro nos hablan de gozo y de testimonio, y las granadas que están llenas de semillas representan fructificación abundante en su servicio.

5. *La túnica Labrada.* Esta era hecha de lino blanco, y era la primera pieza que el sacerdote se ponía. Es tipo de la pureza de Jesucristo, nuestro Sumo Sacerdote, y de la justicia perfecta con la cual como sacerdotes, están vestidos los hijos de Dios. Rom. 3:22; Apoc. 19:8.

6. *La Mitra.* Ex. 29:6; 28:36-39. Estaba hecha de lino fino torcido y enrollada en la cabeza. El lino torcido significa pureza y justicia, y nos enseña que nuestro sumo sacerdote Jesucristo, está ministrando delante de Dios en pureza y santidad. En el frente de la mitra había una placa de oro fino grabada con las palabras "Santidad a Jehová."

El Servicio de los Levitas.

1. *El Servicio de los Coathitas al Sur.* Coath significa "asamblea" o "congregación." Su servicio tenía que ver con las cosas que representan a Cristo como el centro alrededor del cual todos los redimidos se reúnen. Núm. 4:12-15. En la marcha ellos cargaban los muebles del santuario, la mesa, el candelero, el altar, el arca, y los demás vasos y utensilios.

2. *El Servicio de los Gersonitas en el Oeste.* Gersón quiere decir "extranjero" Ex. 2:22. Estos estaban encargados de las cosas que representaban la peregrinación del pueblo. Ellos llevaban las cortinas, cubiertas, y la cortina de la puerta. Núm. 4:21-28.

3. *El Servicio de los Meraritas al Norte.* Núm. 4:29-33. Estos estaban encargados de las partes sólidas del tabernáculo, sus tablas, basas, pilares, ganchos, cuerdas.

Cada uno conocía su lugar en el trabajo, y así no hubo confusión, ni se estorbaban entre sí en el servicio. Así hoy, la obra del Señor no sufriría si cada obrero hiciera la obra que Dios le ha dado. 1 Cor. 12:28; 1 Tim. 2:7; 1 Tim. 1:12; 2 Tim. 1:11.

Significado espiritual del servicio de los Levitas. Los meraritas eran de los primeros en iniciar la marcha, llevando las partes sólidas para colocarlas en el nuevo campamento y representan el primer testimonio y trabajo del evangelista en los campos nuevos o en las almas nuevamente convertidas. Los gersonitas venían luego. Sus cuerdas fortalecían, las cubiertas protegían, y las cortinas hermoseaban lo que sus hermanos habían edificado. Este es el trabajo del pastor. Los coathitas llevaban y ponían en orden los muebles y vasijas santos, representando así la obra del Maestro, quien doctrina y edifica a los santos.

Preguntas para repasar.

1. ¿A quién pertenecía el sacerdocio en el tiempo de la ley?

2. ¿De cuántas piezas se componían las vestiduras sacerdotales? Nómbrelas.

3. Describa el Ephod, las piedras y su colocación, y su significado espiritual.

4. Describa el Pectoral.

5. ¿Qué lección espiritual tenemos en el Pectoral y el Ephod conectados por una cadena de oro?

6. ¿Qué se sabe del Urim y Thummim? ¿En cuáles ocasiones durante la historia de Israel fueron usados? Dé citas.

7. ¿De qué es símbolo el cinturón?

8. Describa el Manto del Ephod. ¿Qué representan las campanillas y las granadas?

9. ¿De qué fué hecha la túnica labrada y de qué es símbolo?

10. Describa la Mitra.

11. ¿Qué llevaban los coathitas, gersonitas y meraritas en la marcha?

12. ¿Cuál es el significado espiritual del servicio de los Levitas?

NUESTRO SACRIFICIO
NUESTRO PURIFICADOR
NUESTRO INTERCESOR
NUESTRO PAN DE VIDA
NUESTRA LUZ
NUESTRO PROPICIATORIO

Nos agradaría recibir noticias suyas.
Por favor, envíe sus comentarios sobre este libro
a la dirección que aparece a continuación.
Muchas gracias.

Editorial Vida
7500 NW 25 Street, Suite 239
Miami, Florida 33122

Vidapub.sales@zondervan.com
http://www.editorialvida.com